きっと明日はいい日になる

田口久人

PHP

まえがき

よく、「前向きになるためには、どうすればいいですか」と
ご縁のあった人から聞かれることがあります。

学校、仕事、恋愛、家庭などで辛い思いや、苦しい思いをしたのかもしれません。
なかには、ムリして前向きになろうとして、疲れてしまう人もいます。
でも、ムリして前向きになろうとしないで、
そんな自分を、認めてあげることも大切です。

私自身も、頑張っているのにうまくいかなかったり、
自分の思うようにいかずに、落ち込むこともあります。
しかし、起きたことは変えられません。
できることは、起きたことを自分がどのように捉えるのか。
ほんの少しだけ見方を変えることで、心が楽になることがあります。
そのような「前向きになる考え方」を Instagram を通じて

ずっと発信してきました。
今では39万人以上の方がフォローしてくださり、
このような感想をいただくこともあります。

「最近、思い通りにいかず、落ち込む日がありました。

今の私の心に沁みて、気持ちがすごく楽になりました」

「頑張りすぎないこと、大事ですよね。少し心が軽くなりました」

「今の私にぴったりな言葉ばかりです。感動します。泣けます」

私は、これまでにものの見方を変えることで、
人生が変わっていく人たちをたくさん見てきました。
今日がどんなに苦しくても、どんなに辛くても、明日は変えられます。
自分次第で未来は変えられるのです。

今回、Instagramで好評だった前向きになれる作品を、一冊の本にまとめました。

本書があなたの輝かしい未来を生み出すきっかけになれば幸いです。

Chapter 1
毎日が楽しくなる

Everyday becomes fun

幸せと思える心があれば
いつでも幸せになれる

001

Everyday becomes fun

1日が楽しくなる8か条

同じ服を着るくらいなら
ワクワクする服を着ること
いつもより早く起きて
朝から体を動かしてみること
1つだけでもいいから
好きな食べ物を食べること
嫌いな人は嫌いでいいから
それ以上考えないようにすること
どんな日でもいいことはあるから
今日学んだことを振り返ること

お風呂に入ったら
「幸せ」と口に出してみること
朝起きて気分よく目覚められるように
部屋をきれいにすること
寝る前に悩むと止まらなくなるから
好きな人を想像して寝ること

002

Everyday becomes fun

朝の過ごし方8か条

慌《あわ》てないように
余裕をもって起きること
窓を開けて
新鮮な空気を取り入れること
体を目覚めさせるために
白湯《さゆ》を飲むこと
ゆっくりとよく味わって
朝食をとること
好きな音楽を聴きながら
掃除をすること

悪いニュースを
なるべく見ないようにすること
頭に思い浮かんだことを
紙に書き出すこと
鏡に映る自分に向かって
今日やりたいことを宣言すること
朝の過ごし方でその日が決まり
未来が変わっていく

003

Everyday becomes fun

不幸な人と幸せな人の違い

不幸な人は自分にないものばかり気にして
幸せな人は自分にあるものに目を向ける
不幸な人は他人のためだけに時間を使い
幸せな人は自分のために時間を使う
不幸な人は好かれようとふるまい
幸せな人は嫌われても気にしない
不幸な人はまわりに期待しすぎて
幸せな人は自分の力を信じる
不幸な人はやるべきことにとらわれて
幸せな人はやりたいことをやる

不幸な人は準備しているうちに諦《あきら》め
幸せな人は今すぐ動き出す
不幸な人は過去にしがみつき
幸せな人は未来を見据えている
幸せは他人から与えられるものではなく
自分から生み出していくもの
自分を幸せにできる人は他人も幸せにできる

004

Everyday becomes fun

幸せになる

一瞬でも幸せになりたいなら
好きなものを食べなさい
一時間幸せになりたいなら
仲のいい人と話しなさい
一日幸せになりたいなら
大好きな人と出かけなさい
毎日幸せになりたいなら
今が幸せであることに気づきなさい

005

Everyday becomes fun

引き寄せる人の特徴

好きなことに夢中になり
ともかくよく動いて
細かいところも気にするけど
過去にこだわらなくて
やると決めたらすぐにやり
できないことは人に頼り
自分のペースで前へ進む人こそ
運を引き寄せる

ツキを呼ぶ8か条

生活する上で必要なものを把握し
買うものを決めてからお店に入り
感謝の気持ちを込めて丁寧に支払う
小さな出費であっても敏感になり
自分への投資をいとわない
帰宅してすぐにテレビやスマホを見ず
相手の時間を奪わないよう約束を守り
何かをするときは自分の意志で決める
お金と時間を大切にする人に
幸運はやってくる

007

Everyday becomes fun

使えばいい

目は困っている人に気づくために
足はその人のもとへ駆け寄るために
耳はそばにいて悩みを聞くために
心は自分のことのように感じるために
頭は解決方法を考えるために
口は勇気づけるために
手は一緒に解決するために使えば
人生は豊かになる

008

Everyday becomes fun

ご縁が生まれる8か条

どんな人にでも自分から挨拶して
聞き取りやすいようにゆっくり話し
自分のことばかり話しすぎず
相手の目を見ながらうなずき
嫌いなところよりも
好きなところを見つけ
違いよりも同じところに目を向け
一度は良いところを褒めて
最後は笑顔で別れる
すぐに理解しあえることはなく
少しずつ信頼関係を築けばいい
出会いを大切にすることで
ご縁が生まれる

Everyday becomes fun

誰かを
喜ばせようと
毎日考えて
行動していれば
幸せになる

016

楽しそうにする

楽しそうに聞いて
楽しそうに話して
楽しそうに遊んで
楽しそうに仕事をして
楽しそうに生きて
楽しいと思えば思うほど
楽しくて仕方がなくなり
楽しいことを引き寄せる

011

Everyday becomes fun

たまに舞い込む
幸せよりも
日々の
暮らしにある
幸せに感謝する

012

Everyday becomes fun

悪いところは
見えるもの
いいところは
探さないと
見つからないもの

013

Everyday becomes fun

苦手な人は今日はじめて出会った人と思えばいい過去にとらわれない

014

Everyday becomes fun

わかり合えなくても

誰にでもうまく話せない人もいれば
苦手な人もいる
理解しようとしても
理解できないこともある
それでも勝手に決めつけないこと
人なんてすぐにはわからない
いろいろ話してみること
たとえ今はわかり合えなくてもいい
じっくり付き合ってみる
最初から理想の出会いはない

運命であったとしても
あとから気づくこともある
出会いはつながっている
ひとつの出会いを大切にすれば
その先にも出会いがある
人生において出会いより楽しいものはない

015

Everyday becomes fun

本当の友達

いつのまにか一緒にいることが
当たり前になって
いつも同じ時間を過ごしている
一緒に楽しむこともあれば
ぶつかることもあり
学び合うことで成長する
ときには自分のことのように心配してくれて
連絡を取り合わなくてもずっと変わらず
会うだけで元気になれて
飾らずにいられて
いつしか親友にもなり恋人にもなる
無理に友達を作らなくてもいいけれど
そばにいるなら大切に

016

Everyday becomes fun

違ってもいい

自分と同じ価値観を
求めようとするから
争いが生まれる
違いがあるからこそ
苦しいこともある
違いがあるからこそ
わかり合えないこともある
違ってもいい
受け止めればいい
違いがあるからこそ
楽しめることもある
認めることができたとき
人生はもっと楽しくなる

01/

褒められたら
感謝する
褒められたら
気持ちを伝える
褒められたら
相手も褒めてみる

018

Everyday becomes fun

目の前にいなくても
人の悪口は言わない
言えば言うほど
自分に返ってくる

019

Everyday becomes fun

口にしない

親切にしたことは
自分から口にしないこと
相手のためにしたことは
すぐに忘れること
少しでも頑張ったのに
尽くしたのにと思ったら
恩ではなくなり欲となる
喜ぶ姿を見られたなら十分なはず
それ以上を求めないこと
欲張ることで人望を失わないように

020

Everyday becomes fun

口に出す

たのしい
うれしい
おもしろい
しあわせと
いつも口に出して
言っていれば
人生はもっと楽しくなり
もっと嬉しくなり
もっと面白くなり
幸せは続いていく

021

Everyday becomes fun

人と比べているうちは
幸せは訪れない

022

Everyday becomes fun

いつでも幸せになれる

恋人がいなくても
幸せになれる
お金がなくても
幸せになれる
夢がなくても
幸せになれる
いつでも幸せになれる
幸せと思える心が
自分の中にあれば

023

Everyday becomes fun

セブンルール

常識を疑い最善をつくす
今までの自分がしない選択をする
今できることを続ける
変えられることに時間を費やす
悩んだときは体を動かす
一人の時間を大切にする
寝る前に心と体を労《いたわ》る

024

Everyday becomes fun

昨日の自分が
やらないことを
毎日していれば
あっという間に
人生は変わる

025

Everyday becomes fun

食べること

命を頂くから「いただきます」
命を頂いたから「ごちそうさま」
命は命で支えられている
簡単に食べ物を残さないこと
簡単に捨てないこと
どれだけ時間をかけて
生まれてきたのかを考えること
食事を作ってくれた人の
気持ちを考えること
今日食べたものもこれから食べるものも

自分の力だけでは得られない
食べ物を粗末にする人は
命を粗末にする人
大切なものを大切にできない人に
幸せは訪れない
いつも食べられることに感謝すること

026

Everyday becomes fun

犬の教え

毎日遊んでいるのに
大はしゃぎして飛びついてきて
幸せなときもそうではないときも
いつも傍《そば》に寄り添って
ときには向き合うことができなくても
疑うことなく信じてくれて
何も話さなくてもわかってくれて
一緒に過ごすのが当たり前になって
ときには兄弟となりときには親友にもなり
いつのまにか誰よりも歳をとっていく

衰えていくその姿から目をそらさないこと
最期の最期まで見守ること
命をもって教えてくれたことを忘れないこと
家族を失う悲しさを
生きる時間は限られていることを
精一杯今を楽しむことを
どんなに悲しくても辛くても
いつかその日がきたら
出会えたことに感謝する

どんな人でも

どんなに前向きな人でも
嫌なことがあればネガティブになる
どんなに頭がいい人でも
知らないことはたくさんある
どんなに成功した人でも
失敗することもある
どんなに健康な人でも
知らないうちに病気になることもある
どんなに幸せな人でも
予期せぬ別れに涙を流すこともある

いくら気をつけてもいくら頑張っても
思い通りにならない日はある
どんな日であっても受け止めること
明日が少しでも良くなると信じること
何事もない日々を大切にすること

028

Everyday becomes fun

信じればいい

どうして自分だけと思うこともある
前向きになれないこともある
自分だけが大変ではないとわかっていても
現実を受け止められず
悲しみから抜け出せないこともある
一人では悲しみを乗り越えられないこともある
話を聞いてくれる人がいるなら話してみる
同じ気持ちをわかる人がいるなら相談してみる
悲しいときこそ人を信じること
あなたを必要としてくれる人に出会えたとき
一歩前へ進むことができる

続ける

夢をかなえた人は
自分を信じ続けた人
運がいい人は
失敗から何度も立ち上がった人
好かれる人は
いつも思いやりを忘れなかった人
愛される人は
心から愛し続けた人
幸せな人は
当たり前に感謝し続けた人
どんなときでも
どんなことが起きても
続けた人に明るい未来はやってくる

見方を変える8か条

自分と他人は同じだと思わず
嫌いな人を作ろうとせず
なるべく平等に接して
自分がされて嫌なことはしないこと
相手の悪いところばかり見ないで
良いところを見ようとして
言いたいことを言う前に
相手の話をしっかり聞いて
過去のことを持ち出そうとせず
悪いと思ったらすぐに謝り

当たり前と思わずに口に出して感謝する
無理して笑おうとせず
泣きたいときは思いっきり泣いて
自分の気持ちに素直になり
生きたいように生きればいい
見方を変えれば味方が増えていく

031

Everyday becomes fun

付き合い方8か条

自分のことばかり語る人から
今すぐ離れなさい
言葉よりも行動で
その人を見極めなさい
本当にその人がわかるまでは
油断をしないように
自分が聞かれて嫌なことは
相手にも聞かないこと
やりたいことを反対する人がいても
気にしないように

みんながしているからではなく
自分がどうしたいか考えなさい
自分の幸せがあるから
他人の幸せを気にしないように
生きづらいと感じたら
他にも道があるから探しなさい
どんな人と付き合うかで人生は決まる

032

Everyday becomes fun

当たり前を当たり前に

他人を批判しない
喜んで協力する
相手の立場になって話す
素直になる
過去のことで悩まない
どれも当たり前で大切なこと
わかっていてできないのは人間だから
ささいなことに心を乱され
感情に左右され
自分のことばかり考えて
相手の気持ちを理解しようとしない
いつでもどこでもできる人は
なかなかいないけど
心がけていれば幸運がやってくる

人生を変えるのは小さな一歩

Take the first step

Chapter 2
一歩踏み出す

033

Take the first step

すぐに行動できる8か条

自分にできない理由ばかり
探すのをやめなさい
わからないのは仕方がないから
できることから始めなさい
明日やればいいいと
先延ばしするのをやめなさい
一度やめたらクセになるから
少しでもいいから続けなさい
気分が乗らないときこそ
考えすぎずに飛び込みなさい

どんな人でも失敗するから
恐れずにやりなさい
自分が思う以上にできるから
限界を作るのをやめなさい
結果が出ないことがあっても
自分の可能性を信じなさい
無理だと決めるのは
他人ではなく自分だから
今すぐ動きなさい

Chapter 2

一歩踏み出す

034

Take the first step

忙しいのではない

忙しいのではなく
時間を作ろうとしないだけ
忙しいのではなく
それだけの想いがないだけ
忙しいのではなく
面倒な自分に負けているだけ
忙しいのではなく
まわりに惑わされているだけ
忙しいのではなく
夢に向き合えていないだけ

忙しいのではなく
何をやりたいのかわからないだけ
時間は誰にでも平等で
どのように時間を使うのかで人生は決まる
他人をうらやむ時間があるなら
言い訳をする時間があるなら
悩んでいる時間があるなら
すぐ動いてみる
無駄にする時間はひとつもない

後悔8か条

まわりを気にして
やらなかったら後悔する
思っていることを
伝えなかったら後悔する
勝手に限界を決めて
挑戦しなかったら後悔する
ただ選ばれるのを
ずっと待っていたら後悔する
タイミングばかり考えて
何もしなかったら後悔する

うまくいかずに
すぐに諦めたら後悔する
将来を心配しすぎて
今を生きないと後悔する
どんな自分でも
好きにならなかったら後悔する
やらなかった後悔はいつまでも続く
今日は何をするだろう

036

Take the first step

すぐやらない人の特徴

傷つくことが嫌で慎重になり
失敗を避けられないのに
ムダなことを嫌い
やりたくないことに
気をとられてしまい
自分しか信じられないのに
今までの努力を信じられなくて
誰も気にしていないのに
他人の目を気にして
自分ではどうしようもないのに

自分一人で解決しようとして
答えは自分で決めるのに
悩む時間が長くて
心の声を大切にすればいい
何も考えずに今すぐ動くこと

Chapter 2

一歩踏み出す

037

Take the first step

始める前から
失敗について
考えないこと
失敗してから
考えればいい

038

Take the first step

はじめから
難しいことや
苦手なことに
挑戦しない
興味あることから

039

Take the first step

救いの5か条

苦手な人がいたら
誰よりもたくさん
いいところを見つけなさい
困っている人がいたら
誰よりも早く
手を差し伸べなさい
悩んでいる人がいたら
誰よりも長く
そばにいてあげなさい
自信がない人がいたら

誰よりも信じて
応援してあげなさい
そばに大切な人がいたら
誰よりも多く
感謝の気持ちを伝えなさい
あなたが動き出せば
救われる人はたくさんいる

040

Take the first step

人見知り

人見知りと言ってごまかさない
誰でも初対面なら緊張する
うまく話せないこともある
大切な人であればなおさら
最初から言い訳をして
自分の扉を閉めないこと
相手が何とかしてくれるのを期待しないこと
心を開くことで最初の一歩が始まる
お互いが歩み寄ることでしか
良い関係は築けない
少しでも相手に好意を伝えようとすれば
感謝する気持ちを伝えようとすれば
自分も相手も変わっていく

041

Take the first step

「いつか」「そのうち」と
自分をごまかさない
大切なことを先送りしない
言い訳をしているうちに
あっという間に人生は終わる

042

Take the first step

頑張れる

不満だから頑張れる
不安だから頑張れる
不幸だから頑張れる
もしも満足していたら
もしも幸せだったら
変わろうともしない
小さくても始めればいい
少しずつでも続ければいい
今から始めれば明日は変わる

043

Take the first step

今どれくらい
生きるつもりで
生きているか
ずっと生きられると
思っていないか

044

Take the first step

あとで考える

やってみたい気持ちを
無理と言って自分で否定したら
やりたいことがなくなる
一番厄介なのは
めんどうくさい気持ち
自分から消そうとしないと
常に自分につきまとう
めんどうくさいことの少し先に
本当に楽しいことがある
やってみたいことがあるなら
何も考えずにやってみること
それから考えればいい

045

Take the first step

イチバン信頼できるのはココロの声

面倒にならない8か条

大きすぎると動けないから
目標を細かくする
今すぐできるくらいまで
具体的に何をするべきか考える
何が起きても慌てないように
あらかじめ違うやり方を考える
気分に惑わされないように
今日するべきことを決めてすぐやる
問題にぶつかったら
どうすればよいか歩きながら考える

できないことばかりではないから
今日できたことを書き出す
たとえ思うようにいかなくても
自信がなくても胸を張る
目標を達成したらどうなるのか
ワクワクしながら考える
前に進まないと今と変わらないから
やってみたいことがあればやればいい

Chapter 2

一歩踏み出す

047

Take the first step

迷うぐらいなら
やらなくていい
やりたいなら
すでにやっている

048

Take the first step

諦めない

どうしてもうまくいかないと諦めたくなる
自分には向いていないと
見極めるのも大切だけど
あとから振り返って
もっと頑張れたと後悔することもある
諦めそうになったら
もう一度だけ頑張ってみる
これが最後だと思って
いつまで頑張るのか決めて
悔いのないようにのぞんでみる
諦めない気持ちが人生を変える

049

Take the first step

小さな一歩でもいい
その一歩が
人生を変える

050

Take the first step

信じる

誰に何と言われても
夢を信じる
できないことがあっても
可能性を信じる
思うようにいかなくても
自分を信じる
すぐに結果が得られなくても
他人より時間がかかってもいい
不可能に思われたことを
やりとげたとき
一生の宝物となる

Improve human relations

Chapter 3
人間関係がよくなる

何を言うかより何を言わないか

人間関係がよくなる8か条

たとえ相手がしなくても
自分から笑顔で挨拶をして
相手の嫌なところより
よいところを見ようとし
相手の素敵なところを
口に出して伝える
どんなに腹が立っても
まずは話を聞き
どんなに忙しくても
相手の目を見て話す

近すぎず遠すぎず
ほどよい距離感を保ち
相手に合わせるばかりではなく
自分の意見も述べて
相手が大切にしていることを
できるだけ尊重する
まずは相手に期待せずに
自分から動くこと

モテる会話8か条

話をするときでも聞くときでも
相手の目を見ること
相手が話しているときに
話をさえぎらないこと
興味がないからといって
すぐに話題を変えないこと
相手が話したことに対して
むやみにあいづちを打たないこと
自分と違うからといって
すぐに相手の意見を否定しないこと

何を話しているかわからないなら
素直に質問してみること
流暢に話そうとするより
理解しやすいように話すこと
相手が求めていないのに
自分からアドバイスをしないこと
真剣に相手と向き合うのは難しくても
その先には信頼が生まれる

大人の会話8か条

過去にこだわらず
相手の意見にすぐに反応せず
まずは息を整え
言いたいことをすべて聞く
自分の考えだけが正しいと思わず
相手のよいところも探し
言わなくてもいいことは言わず
ゆっくりと丁寧に話せば
いつもより受け入れられる

054

Improve human relations

自分が正しいと
思っているとき
その判断は
本当に正しいのか
振り返ってみる

055

Improve human relations

人が離れる8か条

時間にルーズになり
小さな約束をおろそかにして
あいさつが雑になる
話すときは目を合わせず
誰からも学ぼうとせず
人の話を流すように聞く
納得いかないとすぐ言い訳をして
ありがとうを言わなくなる
人が離れる前に自分で気づくこと

056

Improve human relations

喜ばせることより嫌がることをしないほうが関係は長続きする

057

Improve human relations

好かれる人

思ったことを何も考えず
そのまま口に出すのが
嫌われる人
思ったことを伝えるのが怖くて
何も言わないのが
忘れられる人
思ったことを
相手が受け取りやすく話すのが
好かれる人
相手のことを考えて伝えても
伝わらないこともある
それでも諦めずに伝えることで
良好な関係が生まれる

058

Improve human relations

大切な人が
大切にしていることを
大切にしていれば
同じように自分も
大切にされる

苦手な人はいない

苦手な人がいるのではなく
苦手と思う自分がいるだけ
自分の想いは相手にも伝わり
相手から苦手と思われてしまう
たとえ逃げたとしても避けたとしても
苦手と思っていれば何も変わらない
もっともらしい理由をつけて
相手を決め付けない
悪いところばかり目についているなら
良いところを見つけようとする
できるだけ思い込みを捨てて
話しかけてみる
まずは自分が変わること
それから苦手かどうか考えればいい

060

Improve human relations

伝える前に

言わなくてもいいことを言って
自分を追い込んで
人を傷つけて
自分が正しいと思って
そのまま相手に気持ちをぶつけないこと
どんなに大切に想っていても
余計な一言が誤解を生むこともある
どうしても言いたいことがあるなら
伝えたいことを書き出してみる
時間を空けて考えてみる
少しでも冷静になれれば
すれ違いは減っていく
言わなくてもいいことはたくさんある
本当に伝えるべきことだけ伝えればいい

061

Improve human relations

本気で
思っていないなら
口に出さない
きっと
後悔するから

062

Improve human relations

ぶつけない

嫌なことを言われても
腹が立つことを言われても
イライラしないこと
そのままの気持ちで返事をすると
後悔することになる
すぐに思いついた言葉をぶつけると
争いが生まれるだけ
心が整うまで時間をおくこと
気持ちが乱れているうちは
口に出さないこと
言っても仕方ないなら
黙っていたほうがいい

すぐに求めない

褒めても良いとはかぎらない
叱っても悪いとはかぎらない
思ってもいないことを褒めれば
信頼されなくなり
余計に伝わらなくなる
感情のままに怒れば
余計に気分を乱し
言うことを聞かなくなる
無理して動かそうとして
使い分けないこと

どんな時であっても
しっかり相手を見て
タイミングを見計らうこと
褒めたいときは褒めればいい
叱るべきときは叱ればいい
本当に相手のためを思って行動すれば
いつかその想いは伝わる
すぐに結果を求めなくていい

減らすこと

いつもドタバタして
いつもイライラして
やるべきことに振り回されて
ゆっくり考える時間もなくて
ときには我慢できずに
まわりに怒りをぶつけて
そのたびに後悔して
すべきと思ったら自分を苦しめるだけ
求めすぎたら辛くなるだけ
怒ることをなくせなくても

減らすことはできる
変えられないことを怒っても仕方がない
いつも笑うことはできなくても
1日1つぐらい良いことを見つけられて
いつも我慢できなくても
1日1回ぐらい落ち着くことはできる
できることを続けていれば
今日よりも明日はきっとよくなる

嫌われる人の特徴

別にいてもいないのに
自分の考えを述べて満足し
相手がどう思うのか考えずに
思ったことを口に出し
自分の想いを押し付けて
認められないと文句を言い
人の悪口ばかり言って
自分は何もしようとしない
まわりに迷惑をかけていることさえ
全く気づかない
自分のことしか考えない人は
いつまでたっても嫌われ
相手のことを考えられる人は
誰からも好かれる

066

Improve human relations

相手の立場

相手の目で見たら
どのように見えるだろう
相手の耳で聞いたら
どのように聞こえるだろう
相手の心で感じたら
どのように感じるだろう
いくら頑張っても
相手の気持ちにはなれないし
立場にもなれない
だけど相手を思いやる気持ちは
きっと相手に伝わる

067

Improve human relations

聞かれたくないことは
誰にでもある
相手が言おうとしないかぎり
あえて聞かないこと

残念な人の特徴

聞いてもないのに
生半可な知識を教えようとし
スケジュールを埋めて
充実しているとアピールし
相手によって態度を変えて
誰からも好かれようとして
自分と意見が違ったら
すぐに批判して上に立とうとし
わざと人と違うことをして目立とうとする
いつのまにか周りから
避けられていることさえ気づかない
いつまでも無理は続かない
相手の気持ちに寄り添えれば
人は集まってくる

069

Improve human relations

全員から
好かれようとすると
全員から嫌われる

070

Improve human relations

当たり前と
思ったときこそ
気をつける
正しいかどうかは
人それぞれ

正しさが人を傷つけることもある

072

Improve human relations

わからなくてもいい

すべて知っているわけでもないし
すべて知る必要もない
あれこれ不安に思っても
何も起こらないかもしれない
どうしても不安になるなら
他のことを考えればいい
上手くいかなくなるのは
自分で決めつけているから
相手を信じてみること
気持ちを打ち明けてみること
相手が安心できれば自分も安心できる

信用と信頼の違い

一人でもできるのが信用で
お互いに築き上げるのが信頼
少しでも疑えば相手にも伝わる
疑っていても何も始まらない
待っていても何も変わらない
過去に傷ついたことがあっても
傷つくのが怖くても
自分から信用する
たとえ傷ついても裏切られても
心を開かないと次はない
信頼は自分から信用しないと生まれない

074

Improve human relations

思いやる

落ち込んでいるときに
元気を出してと言われるより
失敗したときに
大丈夫と言われるより
フラれたときに
もっといい人がいると言われるより
そばにいて
ただ話を聞いてくれたほうがうれしい
何を言うかより何を言わないか
言葉にできない気持ちこそ
思いやりとなる

075

Improve human relations

すぐに言わない

言いたいこと
伝えたいことがあっても
すぐに言わないこと
伝えたいタイミングと
受け入れられるタイミングは
異なることが多い
焦って伝えても伝わらない
相手をしっかりと見て
話を聞いてから伝えること

076

Improve human relations

反論したいときほど まずは相手の話を しっかり聞く

077

Improve human relations

気にしない

相手に聞こうともせず
相手を知ろうともせず
勝手に決めつけて
縁を大切にできない人は不幸になり
自分から興味を抱き
少しでも相手を知ろうとして
できるかぎり縁を大切にする人は幸せになる
付き合うか付き合わないか
結婚するかしないか
小さな物差しでしか判断できない人に
魅力的な人はいない
上手くいかなくても気にしなくていい

078

Improve human relations

優しくしなくていい

いい人であればあるほど
だまされたり
傷つけられることもある
もしも不安にさせる人がいたら
厳しく接してもいい
断ってもいい
無理しなくていい
誰にでも優しくしなくていい
自分を守る強さも必要になる
優しいだけでは生きてはいけない
強くなって生きること

断り方8か条

いい人になろうとして
曖昧な態度をとらない
頼ってくれたことに対して
感謝の気持ちを伝える
言い訳にならないように
簡潔に理由を説明する
相手にわかってしまうくらいなら
ウソをついてごまかさない
期待に応えるのが難しいなら
代わりの提案をする

相手がチャンスを失わないように
回答を引き延ばさない
たとえ断ったとしても
あとでフォローする
あとで断るくらいなら
簡単に引き受けない
断るのは悪いことではなく
断り方が大切

生きてさえいれば次がある

Organize your mind

Chapter 4
心を整える

心を守る8か条

深刻な顔をしていたら
口角を上げてみる
怒っても何も変わらないから
ほかのことを考える
これ以上悩んでも仕方ないから
思い切って寝る
体が緊張しているなら
大好きな曲を大声で歌ってみる
部屋が汚くなっていたら
きれいになるまで掃除をする

モヤモヤしているなら
外に出て走ってみる
余裕がない時こそ
今何をすべきか明確にする
少しの時間でもいいから
辛い場所から離れる
頑張りすぎなくていい
自分を守れるのは自分だけ

081

Organize your mind

幸せの順番

失恋する人がいるから
付き合える人がいて
不合格になる人がいるから
合格する人がいて
2番目の人がいるから
1番目の人がいて
誰かの不幸が誰かの幸せに
つながることもある
いつまでも幸せな人もいなければ
いつまでも不幸な人もいない

幸せには順番がある
その苦しみや悲しみは
いつか誰かに役立つことだってある
あとは起きたことをどうとらえるかだけ

心が軽くなる8か条

変わらない自分を
責めなくていい
終わりが見えなくても
焦らなくていい
上手くいかなくても
気にしなくていい
何もできなくても
恥じなくていい
まわりから何を言われても
気にしなくていい

本当に傷ついているのに
無理しなくていい
やりたいことがなくても
探さなくていい
やりたいことがあるなら
我慢しなくていい

自信がない人の特徴

ほめられているのに
素直に喜べなくて
ほめようとすると
必要以上にへりくだって
嫌なことがあっても怒れず
我慢して黙り込んで
相手に嫌われないように
気を遣いすぎて
自分の意見があるのに
遠慮して伝えようとしなくて

わざわざ言う必要がないことを
言ってごまかして
非がないのに
自分に落ち度があると納得して
自分を好きになればいい
信じればいい
自分を大切にできない人は
他人を大切にできない

生きているだけでいい

できることが少なくなっても
できることがある
すべて失ったとしても
生きていられる
人生はそう簡単に終わらない
できなくてもいい
生きているだけでいい
人生は何が起こるかわからない
どんなに辛いことがあっても
どんなに悲しいことがあっても
今生きていることに感謝はできる
感謝の気持ちを持ち続ける人に
幸運は訪れる

085

Organize your mind

一人になればいい

誰も助けてくれないなら
話を聞いてくれないなら
無理して合わせなくていい
つながろうとしなくていい
来るものは拒《こば》まず去るものは追わず
いちいち心を惑わされないこと
一人でいるから孤独なのではなく
さびしいと思うから孤独になる
一人だからこそできることもある
一人だからこそ強くなれることもある
自分と向き合った時間は糧《かて》となる
一人を楽しめばいい

086

Organize your mind

我慢を重ねると
何も判断できなくなる
理性があるうちに
その場から離れること

087

Organize your mind

マイペース

人それぞれ目指す場所が違う
まわりがどんなペースで
歩いていても走っていても
気にする必要はない
みんなに合わせて
ゆっくり歩く人もいれば
明日しか考えず全力で走る人もいる
たとえ同じ道を歩いていたとしても
焦る必要はない
自分のペースでいい
最後にゴールにたどりつければいい

088

Organize your mind

立ち止まって
見える景色も
たまにはいい
焦らずに休めばいい

089

Organize your mind

嫌いな人と苦手な人の違い

関わりたくないのが嫌いな人
関わる必要があるのが苦手な人
一生慣れないのが嫌いな人
慣れることがあるのが苦手な人
理由を説明しづらいのが嫌いな人
理由を説明できるのが苦手な人
嫌いなのか苦手なのかを見極めること
苦手であれば何とかできる

090

Organize your mind

使い分けなくていい

気に入らないから始まり
嫌いな人に変わっていく
一度でも想いをぶつけたら
お互い気まずくなる
相手が誰であっても
態度を変えないこと
心を込めようとしたり
冷たくしようとしたりしないこと
使い分けるから面倒になる
あれこれ何も考えずに
声をかけるだけで気が楽になる

091

Organize your mind

手放さないように

自分が思っているよりも
まわりは見ていない
気にしていない
自分もまわりを気にする余裕なんてない
だからこそ少しでも自分のために
動いてくれる人がいるなら
大切にすること
自分のことを自分以上に
想ってくれる人がいるのなら
手放さないこと

092

Organize your mind

今のアナタに一番必要なのは話を聞いてくれる相手

誰かによって
傷つけられても
本当に傷ついたときに
救ってくれるのは
人だけしかいない

094

Organize your mind

一人で傷つき
一人で落ち込み
一人で完結しない
時には誰かを
頼ってもいい

095

Organize your mind

誰かが言った
言葉なんて
ずっと気にしなくていい
悩まなくていい

096

Organize your mind

考えない

誰でも不安になり
避けることはできない
どのように向き合うか
どうにかしようとして
考えれば考えるほど
不安は増していく
他のことに夢中になり
忘れるくらいがちょうどいい
不安になりたくないなら
なるべく考えないこと

097

Organize your mind

手を抜いて
気を抜いて
息を抜く
すべて頑張ったら
身がもたない

098

Organize your mind

運を変える

いつも同じ時期に
体調が優《すぐ》れないこともあれば
気分が乗らないこともある
どうしても避けられない
自分のリズムがある
逃れようとしても逃れられなくて
変えようとしても変えられなくて
過ぎ去るまでしのぐしかない
できるかぎりのことをすればいい
グチや不満を言ったり批判したり

後ろ向きな言葉を使わないこと
誰かをほめたり感謝したり
前向きな言葉を使うこと
運命で定められた運もあれば
生き方で変えられる運もある

099

Organize your mind

好きか嫌いか
敵か味方か
良いことか悪いことか
極端に考えると
自分を苦しめるだけ

100

Organize your mind

無理しない

無理に笑ったり
無理に聞いたり
無理に楽しもうとしたり
無理して連絡して
無理して続けようとして
無理して好きでいて
相手のことばかり考えない
自分らしくいられる人が
一番大切な人
もっと自分を大切に

自分の花

他より先に咲いた花は
散るのも早い
どんなにきれいに
咲き誇っていても
必ず散っていく
無理して
芽を出さなくてもいい
じっくり根をはること
その時が来れば
自分の花を咲かせればいい

102

Organize your mind

体を壊してまで
やることは
大切ではない

何もできなくてもいい

夢がなくてもいい
希望を持たなくてもいい
なりたい自分になれなくてもいい
どんなに頑張っても
夢に破れることもある
思い通りにいかず
自分を見失うこともある
なりたい自分になろうとして
自分を追い詰めない
たとえすべて失ったとしても

悲しみに暮れたとしても
生きている
今は何もできなくても
何か成し遂げられなくても
生きてさえいれば次がある

104

Organize your mind

頑張らなくていい

幸せになりたいのになれなくて
頑張っているのに思うようにいかなくて
信じていたのに裏切られて
諦められない自分が嫌になって
どうして私だけなのだろうと
一人で泣くこともあって
本当はまわりの幸せをよろこべないのに
頑張って笑って前を向こうとして
いつ出会えるのか不安で
忙しそうにしてさびしさをごまかして
このままではダメとわかっていても
壁を作って自分を守ろうとして
もう頑張らなくてもいい
頑張っているから

そんなに焦らなくてもいい
疲れているなら少し休めばいい
幸せの道はいくつもある
どんなに時間がかかっても
最後に歩むその道に満足できればいい

105

Organize your mind

怖くても大丈夫
悲しくても大丈夫
失敗しても大丈夫
何度も言っているうちに
本当に大丈夫になる

比べるなら昨日の自分と
信じるなら今日の自分を

Believe in yourself

Chapter 5
自信を身につける

106

Believe in yourself

自信が身につく8か条

どんなに上手くいかなくても
可能性を疑わない
完璧な人なんていないから
欠点を気にしすぎない
どんなに過去が辛くても
これからに目を向ける
根拠なんていらないから
結果を求めすぎない
今は何もできなくても
できることを続ける

たとえ反対されたとしても
まわりの声を気にしない
かっこ悪くてもいいから
やりたいことに挑戦する
答えなんて誰もわからないから
自分の信じた道を突き進む
不安かもしれない
一歩踏み出すことが自信となる

できること8か条

心は見えなくても
行動を見ることはできる
悩みを解決できなくても
話を聞くことはできる
わからないことがたくさんあっても
知ろうとすることはできる
他人を変えられなくても
理解しようとすることはできる
失敗を避けられなくても
学ぶことはできる

うまくいかなくても
何度も立ち上がることはできる
他人と比較しなくても
幸せを感じることはできる
明日がわからなくても
今日を精一杯生きることはできる
自分が変われば明日は変わる

108

Believe in yourself

決めつけなくていい

どこの学校に入っても
どこの会社に入っても
人生なんて決まらない
たとえうまくいかなかったと思っても
いくらでもチャンスはある
中途半端にうまくいくよりかはいい
その悔しさを忘れなければいい
一番よくないのは
自分がダメだと思い込むこと
たった一度の失敗で

自分の可能性を決めつけないこと
本当に結果に満足できないなら
何度でもチャレンジすればいい
やらなかったことを言い訳にしない
最後に自分が立っている場所が大切

本当の自信

自信を持ち続けるのは難しい
どんなに自信がある人も
たった一瞬で失うこともある
どんなに築き上げたとしても
たった一言で崩れることもある
自信をつけたいなら
まわりの目を気にしないこと
今までの自分を信じること
何もしない人に自信は手に入らない
昨日の自分より頑張る

勝手に限界を決めずに挑戦する
たとえ自信を失ったとしても
諦めずに繰り返していく
積み重ねることでしか
本当の自信は生まれない

自分嫌いな人の特徴

ほめられることを期待して
思い通りにならず
落ち込む自分を認めたくなくて
人に合わせて自分の時間を失い
今よりも過去のことばかり考えて
必要以上に自分にダメだしして
自分のことを傷つけて
苦手だとわかっているのに
無理して続けようとして
ほどほどにできず完璧を求めて

うまくいかなかったことばかり思い出して
自分が嫌いになる
自分を好きになるのに
特別なことは必要ない
できない自分も含めて
好きになればいい

Chapter 5

自信を身につける

111

Believe in yourself

うまくいく自分しか
認めないと
辛くなる
ありのままの自分を
認める

112

Believe in yourself

自分は自分

どんなに自分を好きになろうとしても
なかなかなれなくて
何もかもうまくいかなくて
自分のことが嫌いになる
誰かに憧れたとしても
その人になることはできない
どんなに自分を嫌いになっても
何も変わらない
自分は自分
誰かになる必要もない
自分を好きになることでしか
人生は変わらない

113

Believe in yourself

自分の道

誰かによって
決められた道を進んで
早くゴールにたどり着いても
満足することはない
たとえ踏み外してもいいから
自分の意志で踏み出すこと
たとえ遠回りになっても
自分を信じて進むこと
自分の道は自分で切り拓《ひら》けばいい
自分だけの道を歩けばいい
自分にしか味わえない
景色が待っているから

悲しみのない人生はない

悲しみは突然やってきて
受け入れられないこともある
立ち直れないこともある
悲しみのない人生はない
前に進むことは簡単ではない
いつまでも自分が悪いと
いつまでも続くと思わないこと
他のことまでダメだと思わないこと
どんなことが起きたとしても
未来への希望は捨てないこと
明日はどうなるのかわからない
変わる日がくると信じるしかない

自分の気持ちを信じて
間違えたら仕方がない
何もしないで
後悔するよりも
ずっといい

116

Believe in yourself

昨日と同じ
今日を生きないこと
新しいことに
挑戦すれば
人生は変わっていく

117

Believe in yourself

根拠なんていらない
根拠なき自信こそ
人生を変える

118

Believe in yourself

ひとつでもいい

何でもできる必要はない
何かひとつでもいいから打ち込むこと
たとえうまくいかなくても
まわりに反対されても
やれることをやる
誰にでも可能性はあって
どれだけ時間を費やしたか
たとえ結果が出なくても
あとから振り返れば
得られることはたくさんある
望みを叶えることが全てではない
頑張った分だけ成長している

119

Believe in yourself

できた数より
がんばった数を
数えてみる

120

Believe in yourself

比べるなら
昨日の自分と
信じるなら
今日の自分を

121

Believe in yourself

自分を好きになる

幸せな人を見ると悔しくて
相手の言葉にすぐに反応して
ムキになってその場から立ち去らず
打ち負かすことに満足して
いつまでも自分のことを責めて
自分のことが嫌いになる
怒ったり妬《ねた》んだりしたら
自分が損するだけ
やるべきことに取り組む
一番自分を好きになれるのは自分だけ

122

Believe in yourself

いくら理想を
追い求めても
満足することはない
最後は自分が
納得するかどうか

123

Believe in yourself

次がある

恋の傷を癒すのは
次の恋
仕事の報酬は
次の仕事
気分を新たにするのが
次の場所
失敗を忘れさせるのが
次の成功
何度でもやり直せるのが
次の人生
諦めなければ次がある
可能性はたくさんある
まだまだこれから
最後まで自分を信じること

本当に
どん底なら
それ以上
下がることはない
あとは上がるだけ

125

Believe in yourself

目の前にあるのは
限界ではなく
可能性
まずはできると
思い込む

126

Believe in yourself

誰でも簡単に
できることを
誰もしないくらいまで
続けていれば
武器となる

127

Believe in yourself

今を楽しむ

理不尽だと思うなら
週刊誌の記事を見なさい
子育てがつらいと思うなら
婚活中の人の話を聞きなさい
もっと休みが欲しいと思うなら
祭日に働いている人に会いなさい
出かけるのが面倒と思うなら
遠距離恋愛カップルを思い浮かべなさい
どうしても仕事が嫌になったら
就職活動中の自分を思い出しなさい

今日がつまらないと思うなら
昨日亡くなった人を考えなさい
足りないものを考えていたらきりがない
自分ばかりが辛いわけでもない
今できることは今を楽しもうとすること

これからと思えば
いつでも始まる

Realize your dream

Chapter 6
夢をつかむ

128

Realize your dream

夢を叶える8か条

いつまでに成し遂げたいのか
あらかじめ期限を決める
他人を羨《うらや》む暇があるなら
今できることを全力でやる
うまくいかないことが多くても
自分を信じて3年続けてみる
まわりに惑わされないように
何のために始めたのか振り返る
あとで自分の財産となるから
今感じていることを紙に書き出す

1日休んでも何も変わらないから
自分の体を大切にする
自分でどうしようもないなら
まわりの人に頼ってみる
いかなる状況であっても
人として正しいことをする

129

Realize your dream

いい仕事

いい仕事をしたいなら
価値観が異なる人を受け入れなさい
いい仕事をしたいなら
時間を守りなさい
いい仕事をしたいなら
一人で抱え込まず頼りなさい
いい仕事をしたいなら
素直に話を聞きなさい
いい仕事をしたいなら
愚痴を言うのをやめなさい
いい仕事をしたいなら
自分から挨拶をしなさい
いい仕事をしたいなら
笑顔で話しかけなさい

いい仕事をしたいなら
相手の気持ちを想像しなさい
いい仕事をしたいなら
楽しもうとしなさい
いい仕事をしたいなら
学び続けなさい
いい仕事をしたいなら
気遣いと感謝の気持ちを忘れないように
いい仕事をしていればいい人生が待っている

130

Realize your dream

プロ8か条

今の自分に満足することなく
常に自分を磨き続け
本当に相手が満足することは
何なのかを考え続けて
ありとあらゆることを想定し
準備を怠《おこた》らない
どんな困難にぶつかっても諦めず
考えられることをやり尽くす
何度壁にぶつかっても可能性を模索し
たとえ可能性が低くても自分を信じ
二度はないという覚悟でのぞむのが
本当のプロフェッショナル

131

Realize your dream

勉強8か条

まずは成功した人の勉強法を真似ること
いつどんな勉強をするか決めること
勉強を始めるルールを作ること
徐々に勉強時間を増やすこと
一度に暗記せずに繰り返して覚えること
学習内容をアウトプットすること
模試で自分の位置を確認すること
なぜ勉強するのか定期的に振り返ること
勉強方法が正しければ
おのずと結果は出る

それでもいい

うまくいかないと
自分には向いていないのか
やめたほうがいいのか
自分を疑うこともある
ゴールが見えないと
いつまで頑張ればよいのか
いつまで待てばよいのか
不安になることもある
どうしたらいいのかわからなくて
空回りして焦って
まわりと自分を比べて
羨ましくなることもあって
そんな自分が嫌になる
それでもいい

あと少しだけ頑張ってみる
それでもいい
やってきたことを信じてみる
流した涙は無駄にはならない
たったひとつの勇気が
明日を諦めない気持ちが
未来を変える
人生は一瞬で変わる
踏み出すその一歩先に
夢が待っているかもしれない

自分だけではない

不安がない人はいない
欠点がない人はいない
悩みがない人はいない
いつも笑っていても
いつも幸せそうに見えても
誰にも言えない悩みを
抱えていることだってある
それでも今日を生きている
泣きたくても泣けなくて
頼りたくても頼れなくて

それでも一生懸命頑張っている
自分だけが苦しいわけではない
自分だけが辛いわけでもない
みんな悩みながら生きている
自分だけではない

134

Realize your dream

何度失敗してもいい

人は何度も失敗する
もう一度同じ過《あやま》ちをするか
もう二度としないかは自分次第
失敗したときはなぜダメだったのか
どうしたらよかったのか
自分と向き合うこと
人のせいにしていたら何も解決しない
何をするにしてもその選択をしたのは自分
どんな道を選んだとしても失敗はある
そのたびに立ち上がればいい
何度でも失敗してもいい
次に生かせれば失敗は経験となる

135

Realize your dream

運を待つ

努力や実力だけでは
うまくいかないことがある
そんなときこそ無理しない
運のいい人の近くにいるだけでいい
それだけで運はよくなる
運が自分のところにやってきたら
もう一度自分の力で頑張ってみる

136

Realize your dream

すべてを変える

うまくいかないときは
すべてを変えてみる
服を変える
化粧を変える
食事を変える
場所を変える
時間を変える
交友関係を変える
自分を変える
今までと同じことをしていたら
同じ結果が待っている

137

Realize your dream

文句を言って生きるか
学んで生きるかは
自分が決める

138

Realize your dream

誰のためにしているか
自分のためなら
人は離れていく
誰かのためなら
人は集まってくる

自分を磨くときは
焦らないこと
気持ちだけ先走ると
何も身につかない
時間をかければいい

140

Realize your dream

すぐに取り組む

アドバイスを受けたとき
すぐに取り組むか取り組まないかで
差が生まれ始め
たとえうまくいかなくても
毎日続けるか続けないかで
圧倒的な差となり
目標を達成するまで
諦めるか諦めないかで
住む世界が異なる
最初の一歩は誰でも同じ
すぐに踏み出して続けるかどうか

141

Realize your dream

人に言われて
諦めるくらいなら
やらないほうがいい

142

Realize your dream

前向きになる8か条

悪いところばかりに目を向けるなら
良いところに目を向ける
なぜと自分を責めるくらいなら
これからどうするかを考える
部屋に閉じこもってモヤモヤするなら
外に出て走ってみる
起きてもないことを考えて不安になるなら
今できることをする
無理して頑張っているなら
まわりを気にせず休む

一人で考えても解決しないなら
まわりの人に相談する
ずっと悩み続けるなら
忘れるくらい他のことに没頭する
いくら前向きになろうとしても無理なら
これ以上悩まないようにすぐに寝る

143

Realize your dream

一人で頑張らない

考えがまとまらないなら
信頼できる人に話を聞けばいい
つらくて仕方ないなら
同じ経験をした人に話を聞けばいい
壁にぶつかっているなら
乗り越えた人に話を聞けばいい
自分一人ではどうしようもないこともある
一人では難しいことでも
二人ならできるかもしれない
一人で頑張ろうとしないこと

頑張った分だけ

頑張った分だけ傷つき
頑張った分だけ
悲しみが深くなる
頑張った分だけ
笑われることもある
頑張った分だけ
悔しいこともある
頑張った分だけ
涙が止まらないこともある
頑張ったことに無駄なことはない
一生懸命生きることで
最高の瞬間がやってくる

チャンス

諦めずに頑張っていれば
一度はチャンスが訪れる
見逃したら次はないかもしれない
少しでも迷いがあったら
チャンスは逃げていく
人生で勝負するときは
何度も訪れない
チャンスだと思ったら
全ての力を注ぐこと
たとえ辛くても
その先が見えなくても
成し遂げるまでくらいつけばいい
決して後悔しないように

146

Realize your dream

ピンチから生まれたチャンスは見逃さないこと

147

Realize your dream

不可能を
可能と思う人が
未来を作る

148

Realize your dream

これでいいと
思ったら
終わりになる
これからと思えば
いつでも始まる

149

卒業するキミへ

これからいろいろな人に出会い
多くのことを経験するかもしれない
ときには失敗をして
その度にふがいなさを感じ
悔しい想いをするかもしれない
それでもキミには
立ち上がる強さがある
たとえそばにいなくても
共に頑張る仲間がいる
生き方に正解はない

悩んで苦しんで
自分で決断するしかない
どんなことが起きても
選んだ道を信じ続けること
どんな日であっても
必ず明日はやってくる
今できることをすればいい

Chapter 7
自分らしくいる

Be yourself

いつでも人生は
自分次第で最高になる

150

Be yourself

もうやめなさい

口ぐせのように
謝るのをやめなさい
他の誰かと比べて
自分を嫌いになるのをやめなさい
誰かに認められたくて
頑張ろうとするのをやめなさい
無理して予定を入れて
満足するのをやめなさい
誰にでも好かれようと
我慢するのをやめなさい

何でも一人で
抱え込むのをやめなさい
頑張れない自分を
責めるのをやめなさい
勝手に壁を作って
一人で生きようとするのをやめなさい
もっと自分を好きになりなさい

151

Be yourself

突き進めばいい

何を信じてよいのかわからないこともある
どこへ進むべきかわからないこともある
涙で前が見えなくなることもある
不安でたまらないこともある
他人の目を気にしなくていい
意地を張らなくていい
誰かに助けを求めていい
どんな道にも苦しみがある
自分だけじゃない
乗り越えた先に

新しい自分が待っている
怖がらなくてもいい
今見える景色を楽しむ
焦らずに慌てずに自分のペースで進む
人生にいつかなんてない
やりたいと思ったらやればいい
答えなんか探さなくていい
正しいかよりもやりたいかどうか
自分の道を突き進めばいい

正しい道

正しい生き方も
間違った生き方もない
人それぞれ考え方が違う
たとえ道を間違えたと思ったとしても
正しい答えを導き出すために
必要だったかもしれない
遠回りしないのがよいわけでもない
近道だと思っていた道が
遠回りだったと気付くこともある
自分がどこへ進もうとしているのか
何を求めているのか考えながら歩くこと
自分を信じて生きる道が
正しい道となる

153

Be yourself

どれだけ好きか

諦めそうになってもしがみついて
うまくいかなくても自分を信じて
どこに進むべきか悩んでも
歩くことをやめない
思うようにいかなくても
向き不向きを決めない
まわりの声に惑わされず
自分の選んだ道を信じること
続けることでわかることがあり
最後はどれだけ好きかどうかが大切

154

Be yourself

やってみる

迷うより悩むより
まずやってみる
どうすればできるかを考える
不可能と思うのは
全てやり尽くしてから
他の人ができたなら自分もできる
たとえ困難で
まわりが諦めたとしても
気にしなくていい
自分がやりたいかどうか
どうしてもできないことも
あるかもしれない
最後に諦めるのが自分であればいい

155

Be yourself

ここぞというときに
人とは違う道を
進む勇気こそ
最高の人生へと
導いてくれる

156

Be yourself

自分らしさ

できないことを何とかしようとしない
無理しても諦めることになる
できないと言える勇気を持つ
自分の思い通りにいかなくてもいい
できないのではなく
できることが違うだけ
ほかの人ができても気にしない
自分と同じだと思わない
完璧を目指さない
何でもできる人はいなくて
今の自分ができることをすればいい
思いっきり今を楽しめばいい
続けるうちに自分らしさが生まれてくる

157

Be yourself

我慢はいつか
後悔となる
やりたいことを
やればいい

158

Be yourself

いろいろな道

人生にはいろいろな道がある
どの道をえらんでもいい
自分が納得しているなら
どんなペースで歩いてもいい
自分が心地よいなら
どんなゴールを目指してもいい
自分が心から満足するなら
他人に用意されたレールを歩いたら
いつか後悔する
まわりに合わせていたら

いつか苦しくなる
まわりと同じゴールを目指したら
いつかわからなくなる
自分の道は自分で決める
自分を信じて歩けばいい

159

Be yourself

自分から

自分から受け入れ
自分から歩み寄り
自分から信じて
待っていたら
何も始まらない
期待していても
何も変わらない
思っているだけでは
何も伝わらない
自分から変わること
自分から動くこと

たとえ今日が
どんなに
苦しい日でも
明日笑えるかは
自分次第

自分がどうしたいか

意見が違うからといって
否定されたと思わない
相手をよく知らないのに
敵か味方で区別しようとしない
愚痴や悪口を言っていても
同調しようとしない
自分にはないものを持っていても
うらやましがらない
興味ないことに誘われても
無理して一緒にいない
どうすれば好かれるかを考えるよりも
自分がどうしたいか
まわりを気にするのはやめればいい

162

Be yourself

人が求める
答えばかり
出さなくていい
自分の答えを
信じること

163

Be yourself

見失わないように

感謝を伝えたいのではなく
ただ自慢したいだけ
アドバイスをしたいのではなく
足を引っ張りたいだけ
褒めようとしているのではなく
上から見ているだけ
気づかないと振り回されて
自分を見失ってしまう
他人の言動に惑わされない
自分が選んだ答えを
信じればいい
自分のために

好かれなくてもいい

誰にでも好かれることは難しく
好かれる必要もない
嫌われたくないと
思っているときは
自信がないとき
嫌われないように
行動すれば楽だけど
相手にされなくなって
余計に自信を失う
嫌われてもいいと覚悟を決めて
一歩踏み出したとき
本当の仲間が見つかる

165

Be yourself

他の誰かを目指さない

憧れの人になろうとしない
アドバイスを受けても
その人にはなれない
うまくいっているのは
本人だけの力ではなく
周囲の人や環境のおかげもある
いくら真似しても
いくら追いつこうとしても
その人にはなれない
それよりもどうしたら

自分らしくいられるのか
幸せでいられるのかを考えること
その人と同じくらい
理想に向かって努力すればいい
自分は自分
他の誰かになる必要なんてない

160

Be yourself

大切に

誰かに振り回されて
自分の気持ちに嘘をついて
不安になって怖気づいて
何もできない自分が嫌になって
他人のせいにして自分をかばって
そんな人生を送って楽しいのか
これからも続けたいのか
人はいつかすべてを失う
最初から失うものなんてない
今この瞬間を楽しめばいい

誰かに遠慮する必要もない
誰かに何か言われたとしても
気にする必要はない
大切な人のために
大切な夢のために
大切な時間を使えばいい

167

Be yourself

過去は過去
今は今
未来は未来
自分は自分
他人は他人

前向き

本当はつらいのに
大丈夫なふりをして
本当は疲れているのに
元気なふりをして
本当は悲しいのに
うれしいふりをして
本当は怒りたいのに
理解あるふりをして
本当の気持ちをごまかさないこと
そのまま受け入れることが
前向きである

169

Be yourself

歳を重ねて

歳を重ねても若々しい人は
自分で限界を作らず
新しいことに挑戦しているから
歳を重ねても美しい人は
色んな経験や失敗を重ねて
自信を持っているから
歳を重ねても魅力がある人は
自分の心と向き合って
ありのままでいるから
歳を重ねるのは
悪いことではなく
どのように生きていたか

170

Be yourself

自分を大切に

頑張ろうとしても
気分がついてこないこともある
頑張っても頑張らなくても
変わらないことだってある
自分を責めないこと
焦らないこと
頑張れないときは頑張らない
無理する姿を見て喜ぶ人はいないから
今必要なのは頑張ることでもなく
我慢することでもなく
自分を大切にすること
あなたの笑顔がまわりの力になる

そばにいる

大切な人は探さなくても
そばにいる
自分を探さなくても
今ここにいる
まわりばかり
気にしていたら気づけない
大切にしなかったら
いつのまにか見失う
大切な人から自分から
目をそらさないこと
失ってから気づかないように

172

Be yourself

ありのままで

言葉が詰まってもいい
早口になってもいい
口下手でもいい
どんなにきれいごとを言っても
相手にわかってしまうもの
伝わるかどうかは
話が上手い下手ではなく
伝えたい想いがどれだけあるか
自分を偽《いつわ》って伝えても意味がない
相手に人柄が伝わらなければ
信頼されずに聞いてもらえない
ありのままの自分で
ありのままの想いを伝えればいい

生きる意味

壁にぶつかったとき
うまくいかないとき
自信を失うこともある
そんな自分が嫌になり
何のために生きているのか
わからなくなることもある
最初から生きる意味が
わかっている人は少なくて
ほとんどの人がわかっていない
それでもいいから生きてみる

生きることでわかることもある
小さな幸せを見失わないこと
まわりに流されないこと
自分を信じること
まわりを思いやり
大切な人を大切にすること
生きる意味がわからなくてもいい
今を生きればいい

花は咲く

できないことがたくさんあっても
できることはある
まわりの人が順調に見えても
自分の道がある
ダメなところがあるから
よいところが輝き
つらいことがあるから
喜びを感じられる
できることを続ければ
いつしか花は咲く

175

Be yourself

誰かが自分を
変えてくれるなんて
思わないこと
自分を変えるのは
自分だけ

旅

今までの自分を変えたいなら
思い切って環境を変える
今までの世界を変えたいなら
価値観の異なる人と接する
今までの人生を変えたいなら
今までの自分を捨てる
怖いかもしれない
不安かもしれない
それでも一歩踏み出すこと
いつだって自由になれる
自分で選べる
旅は自分を変える
旅は世界を変える
旅は人生を変える

177

Be yourself

変わると
決断したとき
人生は変わり始め
動き出したとき
人生は変わる

178

Be yourself

いつも
正しい判断を
することはできない
自分の中で
納得しているか

明日を変える8か条

すごいことをしなくていいから
できることをやりなさい
ためらう理由はいくつでも見つかるから
まずはやってみなさい
自信を持とうとするよりも
自信をなくさないように
大変なときこそ慌てないように
不幸せなときは自分を責めず
ひとりで頑張ろうとせず
幸せなときは当たり前に感謝し
一番大切な人を大切にしなさい
誰かに遠慮しなくていいから
まずは自分が幸せになりなさい

与え続ければいい

目標に向かって
一生懸命努力しても
どれだけ頑張って
手に入れたとしても
いつか得たものは全て失う
それでもいい
人生の価値は
何かを成し遂げたかよりも
それまでにどれだけ与えてきたか
今まで出会ってきた人を
どれだけ大切に思い
喜んでもらえたかどうか
与えたものだけはこの世に残り続ける

181

Be yourself

きょうのもくひょう

きたいしすぎない
よくみせようとしない
うたがわない
のばさない
もとめすぎない
くよくよしない
ひかくしない
よくばらない
うらやましがらない

182

Be yourself

最高の人生を送る8か条

やり方はいくらでもあるから
決めつけないこと
問題にぶつかったら
シンプルに考えること
曖昧にしていることを
今すぐ終わらせること
過去を変えようとせずに
今を変えること
恥ずかしがらずに
いつも感謝の気持ちを伝えること

傷つくことを恐れずに
ありのままの自分を見せること
今までの自分が
やらなかったことに挑戦すること
まわりにどのように思われても
一番大切な人と一緒に過ごすこと
いつでも人生は自分次第で最高になる

装丁：石間淳
装画：野口奈緒子

〈著者略歴〉

田口久人（たぐち　ひさと）

Instagramで仕事、家族、人生などをテーマとした言葉を綴り、「心に響く」「救われる」と話題に。フォロワー数は39万人を超える。

著書に『20代からの自分を強くする「あかさたなはまやらわ」の法則』（三笠書房）、『そのままでいい』『キミのままでいい』（以上、ディスカヴァー・トゥエンティワン）、『もうやめよう』（扶桑社）、『もっと人生は楽しくなる』（ダイヤモンド社）など。

お問い合わせ先（ご感想、ご相談はこちらまで）
info@job-forum.jp
Instagram アカウント：@yumekanau2
※本書の感想を「#きっと明日はいい日になる」で Instagram にご投稿いただければ、著者がいいね！しにいきます。

きっと明日はいい日になる

2018年10月２日　第１版第１刷発行
2023年７月12日　第１版第32刷発行

著　者　田口久人
発行者　永田貴之
発行所　株式会社ＰＨＰ研究所

東京本部　〒135-8137　江東区豊洲5-6-52
ビジネス・教養出版部　☎03-3520-9619（編集）
普及部　☎03-3520-9630（販売）
京都本部　〒601-8411　京都市南区西九条北ノ内町11

PHP INTERFACE　https://www.php.co.jp/

制作協力
組　版　株式会社PHPエディターズ・グループ

印刷所
製本所　図書印刷株式会社

ISBN978-4-569-84135-9